도서관 앞 가을

김해인 시집

도서출판 실천

도서관 앞 가을

실천 서정시선 105

초판 1쇄 인쇄 | 2025년 7월 25일
초판 1쇄 발행 | 2025년 7월 30일

지 은 이 | 김해인
발 행 인 | 이어산
기 획 · 제 작 | 이어산
발 행 처 | 도서출판 실천
등 록 번 호 | 서울 종로 바00196호   등 록 일 자 | 2018년 7월 13일
　　　　　 | 진주 제2021-000009호　　　　　　　　　 | 2021년 3월 19일
서울사무실 | 서울특별시 종로구 율곡로 6길 36
　　　　　　02)766-4580, 010-6687-4580
본사사무실 | 경남 진주시 동부로 169번길 12. 윙스타워지식산업센터 A동 705호
　　　　　　055)763-2245, 010-3945-2245　팩스 055)762-0124
편 집 · 인 쇄 | 도서출판 실천
편 집 장 | 김성진

ISBN 979-11-92374-87-1

값 12,000원

* 이 책은 전부 또는 일부 내용을 재사용하려면 저작권자와 '도서출판 실천'의 동의를 받아야 합니다.
* 이 책의 국립중앙도서관 출판예정도서목록(CIP)은 서지정보유통지원시스템(http://seoji.nl.go.kr)과 국가자료종합목록시스템(http://www.nl.go.kr/kolisnet)에서 이용하실 수 있습니다.
* 잘못된 책은 교환해드립니다

도서관 앞 가을

김해인 시집

■ 시인의 말

아무도 하지 않은 말들이
탁자 위 물컵에
비쳤다가
바람처럼 사라진다

2025년 7월 김해인

■ 차례

1부
물항아리

연등	13
따뜻한 세수	14
물항아리	16
이기대 갈맷길	18
고샅길	20
펜치가 필요한 시점	22
오후	24
섬사내	26
청사포	28
백조	30
봄날	32
색종이 하늘	34
고갈비	35

2부

도서관 앞 가을

겨울나무 빈집	41
버스 정류장	42
초콜릿	44
정화수	46
무제	48
가지산 정상에 시계가 걸렸다	50
죽비소리	52
도서관 앞 가을	54
가을은	56
반조	57
책갈피 낙엽	58
눈 안에서 잠들다	60
금쪽같은 내 편	62
황학대 구 선생님	64

3부
용접공

얼레지 꽃	69
용접공	70
오후 2시	72
참새	74
하루	76
나무와 나무	77
치얼스	78
못	80
장맛비	82
보고싶은 얼굴	83
봄밤	84
대패	86
윷놀이	88
공감이란	90

4부
기억의 지속

버킷 리스트　95
민들레　96
벽화　98
손전등과 시집　100
우산과 물컵　102
기억의 지속　104
숫돌　106
볼트와 너트 사이　108
자연의 신비　110

해설　111

1부

물항아리

연등

등 하나로 세상을 밝힌다

하나의 등이 양손을 벌려

또 하나의 등과 등의 손을 맞잡고

앞으로, 뒤로, 좌우로 나아간다

불국 세상을 펼친다

정토 나라를 만든다.

따뜻한 세수

오지게 외롭거나
호되게 여행을 다녀온 후
따뜻한 물에
손 담그고
얼굴을 씻어보라
물의 온도가
위로가 되고 사랑이란 것을
쓰라린 경험이
너를 일깨워 줌을
불현듯 살면서
이런 생각이 얼마나 올까
의심하지 마라
세수를 매일 반복한다고
당연한 일상이라고
착각하지 마라
저마다 느끼는 삶의 무게가
다르듯

물의 온도도 각자의 성품이
있다는 것을 안다.

물항아리

물항아리 안에
거울이 들어있다
보고 싶은 것들은 모두
보여준다

오늘은 어머님이 계신다
큰형님이 물지게로
물을 퍼다 나르면
어머님은 빙긋이 웃는 얼굴로
나를 보고 있으시다
나도 덩달아 웃고 있다

물항아리 안은
알을 품은 암탉의 품처럼
따뜻하다
어머니 음성도 메아리로 들려온다

물항아리는
요술 항아리이다
난 외톨이가 될 때마다 항아리 안으로
들어간다
어머니 찾으러.

이기대 갈맷길

이기대 갈맷길에선
바다가 바다로 가는 길을 낸다

섶자리를 돌아서 들어서면
어머니 가슴골 같은 장자산이
발 담그고 있고
태고의 파도가 전설들과 손뼉 치며
환호하는 곳

광안대교에서 오륙도까지

바다가 바다를 만나 연인이
솔바람이 되는
새벽 기도 같은 길

가슴에 삭풍이 부는 날
주체할 수 없는 운명과 맞닿은 날

그들과 손잡고

오륙도까지 천천히 걸어가 보라
거기엔 인생의 보너스 같은
속이 찬 해산물들이 밥상 위에서
춤을 춘다

이기대 갈맷길에선
장자가 바다 되어 길손의 옷을
흔든다.

고샅길

깜깜한 밤에
홀로 달을 기다리는 고고한 길
운명처럼 달을 쫓아다닌다

초가지붕 위 하얀 박꽃이
흙담에 나란히 걸터앉은 달맞이꽃들이
속삭이듯 향기를 자랑하는 밤,
숭굴숭굴한 여름밤은
고샅길 나무 귀마다 달빛을
그득히 걸고 있다

별 그림자 밟으며
다가올 아침을 마중하듯 걷고 있는
사이,

해는 산을 넘어오고
달맞이꽃은

그 입을 닫고 있다.

펜치가 필요한 시점

짜장면과 짬뽕 앞에서 고민하는
나를 절단해 줘요
불가마에 단련된 최초의 연장이 되느냐
컨베이어벨트를 타고 나오는
레디메이드 툴이 되느냐
이것도 중요하지만
선택 후의 방향은 어디인지 알 수
없어요
차라리 한 끼 굶을 일을
어느 시궁창에 빠질지 모를 일입니다
오른쪽 손과 왼쪽 손이 친척이라고
생각하나요
나를 꾹 눌러서 이쪽저쪽으로 갈라줘요
이쪽으로 가면 강의 상류 끝에 서 있는
물푸레나무를 만나고 싶죠
저쪽으로 가면 바다의 시작,
흰 치마를 펼쳐서라도 항해하는 게

로망인 걸요
밸런스게임은 사양할게요
이쪽으로 가면 파란 대문이 열려 있고
저쪽으로 가면 녹슨 대문이 부서져
있다거나
이쪽으로 가면 왕이 되고
저쪽으로 가면 거지가 된다는 동화
같은 거 믿으라고요?
차라리 사지선다형으로 바꿔주세요
검은 셔츠와 흰 셔츠 중 뭐가
필요하냐고요
지금은 펜치가 필요한 시점이에요

오후

조요로운 오후
능소화가
능수버들처럼 멋지게
그네를 타다가
꾸벅꾸벅 졸고 있다

툭, 잠이 깬다

강가의 돌들이
가지런히 박혀있는 붉은 담,
새소리가 숨어있는 기와집
안으로

툭, 떨어진다

세상 밖을 보고 싶어
어깨 목마를 하며 걸어 놓은

툭, 화등잔이다.

섬 사내

바다를 덕석에 둘둘 말아 산으로
들어갔다

흔들리는 파도를 껴안으며
스스로 섬이 되고 싶었고
섬이 되었다고
암묵적으로 말하고 다녔다

얼음장 같은 호수가 깨어지고
바늘로 꿰맨 누더기 하늘이
보이는 날
덕석의 바다를 펼치니
갈매기 한 마리가 날아오른다

바다가 미치도록 지겹다고
산속으로 들어와
한 줄기 달빛 적시는 사내

여전히 등 돌리지 못하는
유전병 같은 고독을

실컷 헤적인다.

청사포

청사포는 일출보다
칠흑 같은 밤이 제격인 바다이다

불이 꺼져있는 바다로 들어왔다
맨정신보다는 흠뻑 취함이 맛깔스러운
바다이다

언덕 위
소나무가 홀로 서 있는 밤
낯선 이의 시선도 돌아 누워버린
청사포

백열등 깜빡거리는 부두 가에 서면
우리들은 눈동자가 무겁다

청사포의 밤은
솜이불 같은 파도 소리가 멀어졌다가

가까워진다

수평선 넘어서 또 다른 세계가 보일 것
같은 방을 잡고 창가에서
한 잔 두 잔 소주잔을 비우듯
생의 모든 소란을 보내리라 다짐하며
밤이 갔건만

쓰러진 안경 사이로 달이 솟았다.

백조

하늘 담은 한갓진 호숫가
겹겹이 쌓인 침묵이
이름 모를 풀꽃 되어
산들거린다
산그림자 무릎 깊숙이 담그는
시간에는
달빛 다투는
바람이 되기로 하자
슬픔은 치유의
가장 근원적인 비밀
결핍으로 시작되는 고요
물빛 손길 따라
춤추는 한 동작 한 동작,
달빛은 하얗게 하얗게 구석구석
쌓여만 가고
하늘 향해 곧추세웠던
마음 통하는 길엔

육지를 꿈꾸는 고래도
먼 그대도
덩더꿍 한바탕 새붉게
이울다 가리니
허공으로 밀어 올린 고요가
바라춤을 춘다.

봄날

봄날,
강변을 거닐며 당신을
그려 봅니다
노란 유채꽃 속에서
요정처럼 환하게 웃으며
나를 바라보았지요
그때는 시간이 멈춘 듯
행복하였고
더없이 사랑했습니다

그토록 좋아했던
하얀 목련꽃을 보면서
우리들의 사랑을 생각합니다

다시 못 볼 줄 알았더라면
흑백 사진이라도 몇 장 더
남겨놓을 것을

후회도 시리 운 기억으로
남았네요

봄날,
따사로운 햇살 봄바람에도
지난날 사랑에 가슴이 저립니다
당신의 얼굴을 떠올리면
심장이 두근두근하니

아직도 그 추억 속에 사는가 봅니다.

색종이 하늘

우리 집 뒷마당에

빨간색, 연두색 색종이 하늘

붙여놓고

오늘은 파란색 하늘과

친구 할래요.

고갈비

고갈비 먹으러
시간을 뒤집어 놓고 길 찾아서
광복동 뒷골목에 들어선다
고등어가 웃통을 열어젖히고
배를 내밀며 호사를 부리던 시절이었다
고등어는 청년이었고
우리들도 청춘이었다
광복동 블루스에 몸을 맡기며 하루가
멀다고
돼지 저금통을 갈라
동전을 들고 쏜살같이 고등어 갈라 쇼
파티에 동참하였다
고등어가 소갈비인 양
다들 기가 천장을 뚫듯 외쳤댔다
어무이 고갈비 한 짝에 코냑*한 병
추가요 나도요
추가요

파인애플**도 추가요 하며
호기가 점점 담을
타고 넘어가던 시절이었다
배가 고팠던 시절에도 고갈비
한 짝을 뜯고선
뒷골목이 떠들썩하게 배 북을 치며
밤새 떠다니고 있었다
고등어는 어시장의 알몸으로
우리들은 미생의 알몸으로
취기 어린 기세도 멋이 있었다
소주 한잔에 고갈비 한 짝 식사가
임금님 수라상 부럽지 않았던
시절이었다
다시 시계를 뒤집는다.

*소주의 그 시절 은어
**동치미 무김치의 그 시절 은어
서민들의 해학적 은어 사용이 정겨워
인용해 봤습니다.

2부

도서관 앞 가을

겨울나무 빈집

여느 꿈을 그리며 날아갔을까

여름내 치열했던 생이

여백을 만나 비로소 드러나는

해탈.

버스 정류장

어둠이 발자국을 지워버린 버스 정류장에서
어머니가 절룩이며 서성이는 줄 몰랐다

애가 타서 시커멓게 가슴이 꺼져가는 줄
몰랐다

지고 있는 책가방만 무거운 줄 알았지
어머니의 발걸음이 천근만근인지
몰랐다

새벽 장삿길에,
빙판에 넘어져 절뚝거리면서
막내아들이 타고 있는 막차를 무작정
기다린다

밤새 함박눈이 내려 어머니의 다리가
푹푹 사라지는 줄 몰랐다

이렇게 깊은 어둠으로 막차가 달리는 줄 몰랐다

이 막차가 어머님 계시는 곳으로 가는 줄 몰랐다

오늘도 막차가 오지 않는다

난 내일도 버스 정류장에 서 있을 것이다
어머니가 그랬던 것처럼.

초콜릿

너에게
무심히 건넨 초콜릿
하나

보고 싶었다
사랑한다
그런 무거운 말 대신 그냥
줄 수 있는 초콜릿이 있어
고맙다

때로는
그리웠다는 말이 한없이
가벼운 순간으로
올 때

이렇게
초콜릿 하나로

솜털 같은 사랑을
전한다.

정화수

첫새벽, 앞산 우물에서 별을 담은
생명수
하늘에 올리는 물
마음을 치유하는 물

어머니는
푸른 정화수를 그릇에 담아
장독대에 올려놓으시고 두 손 모아
하루를 여신다

참빗으로 빗어 올린 쪽 찐 머리,
옥색 저고리에 검정 치마 입으시고
달빛 아래 기도하시는
어머니

천지가 교감하는 이른 새벽의
정화수 맑은 물처럼

무탈하기를
순리대로 살아가기를

합장하신 소매 사이로 소행성이
품어 든다.

무제

새벽바람을 가르며
침묵이 달린다
바람이 입을 틀어막고
시계가 목덜미를 잡아챈다
누구도 돌아보지 않는
온전한 시간이다
달리는 발은 모두가 공평하다
한발부터 놓아야만
잘 달릴 수 있는 것이다
삶도 그런 것 아닌가?
코스마다 인생길이 놓여 있다
오르막 내리막길
굽어보는 길을 달리다 보면
죽을 만큼 숨이 목구멍을 친다
이보다 완벽한 묵언수행이 있을까?
자유로울 수 있을까
나는 달린다

달리면서 생각한다
이 땅에서는
침묵이
유일한 무기란 것을

가지산 정상에 시계가 걸렸다

석남사 반야심경 펼쳐 놓은
그 속으로 초침 목탁 삼아
한 발 두 발 오르고 오른다
약속은 바람에 나르며
때늦은 후회 짙어지고
똑딱 부처님에게 귀의하여 걷는다
새벽길 나서며 무작정 하늘 향한
기억은
양지로 가누지 못하여
레스트 스텝 밟으며 무딘 몸 우둔한
영혼 다듬으며 나간다
때로는 산이 칼날 위에 솟고 더러는
산이 바다에 눕는다
돌부리에 부러진 수리의 발톱을
움켜쥐고 쉼터가 있는,
똑딱 똑 딱 문수보살 목탁 소리
여여하게 들리는

가지산 정상에서 밀양강을 보며
함께 나누었던 늦은 오후의
선경도
늘 지니고 다녔던 시계도
걸었다.

죽비소리

잠들지 마라

탁 탁

정진하라

탁 탁

기왓장의 빗소리

톡 톡

도반의 죽비소리

탁 탁

톡톡 탁 톡톡 탁

한 여름밤

범어사 경내의 이중주

톡 톡 탁 탁

이 비 그치고 별이

빛나면

참나를 보려나.

도서관 앞 가을

도서관 앞에서
눈이 깊은 가을을 만났습니다

눈동자를 보면서 가을이
어떻게 갔는지 여느 가을을 살았는지
보았습니다

책 속에 있는 가을은 아니었습니다

그 가을에 맺힌 눈물은
천년의 이슬처럼 영롱합니다

수년간 보지 못한 전쟁 같은 가을을
보낸 것 같았습니다

숨이 멎을 것 같은 가을이
보였습니다

겨울이 와도 전혀 관계치 않을
가을이었습니다.

가을은

가을은

노스님의 독경 소리에

원효암 약수터에

가을은

화엄 벌 억새밭에

산우山友들 마음에

붉게 숨어있다.

반조 返照

선방 탁자 위에 하얀 찻잔이 놓여있다

찻잔 바닥에는
아무도 하지 않은 말들이
가부좌를 틀고 있다

물과 찻잎에서 점이 우러나고
입술과 입술 사이에는 선이 스며든다

들숨과 날숨에 집중하며
화두를 쭉쭉 밀고 가라는 말씀이
빙그르르 돌아앉은
여름날 산사

대나무 숲으로 바람이 찾아든다.

책갈피 낙엽

혼자라고
그리 슬퍼할 일은 아니다

나에게서 떨어져 나갔다고
멀어진다고
그리 쓸쓸해할 일도 아니다

다시 살아야 할 일이 있고
숨 쉬는 것만으로도
충분히 괜찮을 수 있는 일이다

무상은 그런 것이다
영원한 존재란 없고
보이지 않는 것들은 그저
온전히 가슴에 두면 될 일이다

책갈피 낙엽처럼

내 호흡에 맞추어서 갈 뿐.

눈 안에서 잠들다

그토록 찾았던 그녀가
눈 속을 뚫고 찾아와 눈에 갇힌
나의 방에서 자고 있어요
눈이 녹아서
행여나 그녀가 사라질까 봐
밤새 어둠과 소곤거리다
새벽녘 촛불 앞에 앉아 시를
씁니다
라라는 지바고의 눈 안에서
잠을 잡니다
다시는 헤어지지 않으려고요
지바고가 "라라의 시"를 쓰고
라라도 지바고도
촛불도 잠에 듭니다
포근한 꿈길을 나란히 걷습니다
하얀 눈 속으로 달려갑니다
세상이 눈 속에 파묻힌 날

촛불 밝혀 시를 씁니다
눈의 순결을 찾았던 밤
눈의 침묵에 길든 밤에
발랄라이카 소리가 울려 퍼지는
노란 봄의 꽃밭 속으로
들어갑니다.

금쪽같은 내 편

번지르르한 이마를 가진
너를 만나
나팔바지에 장발하고
광복동 허리 길을 주름잡았던
서면 바닥을 폼 나게 밟았던
금쪽같았던 내 편이여

한 스텝에 그녀를 안았고
두 스텝에 탱고를 울렸던
기막힌 청춘은 연기처럼 사라지고
빛나던 색도 없어져 버린
금쪽같았던 내 편이여

지금은
바래진 댕기 끈에 이마는
널브러지고
기름기 빠진 뒷굽처럼

기울어진 수평에
꺼져가는 세월이여

비록 뒷방에 내 버려진
월매 곰방대 같은 신세이지만
언제나 너는
금쪽같은 내 편.

황학대 구 선생님

봄이 오는 황학대에는
꽃향기보다
봄 멸치 향이 더 정겹다

황학이 나래를 펴고
고산의 시가 노니는 황학대
이곳 기장 죽성이 고향인
구 선생님

입영 열차 안에서 "38선의 봄"을
열창하며 기장 남아의 기개를
드높였다는,
구 선생의 구수한 입담과 노랫가락
어우러지는
황학대로 오라

새벽에 건져 올린 봄 멸치 가득한

밥상 받으러
황학대로 오라

어머니 그리워
고향 바다를 안고 사는 구 선생님

봄이 오면
습관적으로 기다려지는
우리들의 친구

오늘도 등대처럼 황학대에 서다.

3부

용접공

얼레지 꽃

얼레지 꽃길 따라
들어선
천성산 무도회장

하늘하늘
연둣빛 조명 아래
솔솔 실바람 음률 따라
캉캉 춤을 추며 군무를 이루네

아담하고 당찬 얼레지 아가씨

여기
이슬 머금은 숲속의 아가씨
등장이오.

용접공

용광로가 불을 불로 잡는다
차가운 칼날처럼 불꽃이 철판을 두
동강 낸다
어디서 왔느냐고 묻는다면
모두 새벽녘 봉고를 타고 왔다고 한다
다문 입 앞에서 다문 입이 예의가 된
휴게실에서
담배를 태우고, 커피 한 잔에 절단된
오후를 다시 붙인다
불과 불이 바벨탑을 쌓는다
붕대를 감은 손가락도
불의 계단을 엿가락처럼 휘감고
올라간다
쇠북 소리가 귀마개를 찢는다
하루라도 빈다면 용접하는 일이 제일
자신 있다
일과 일이 감쪽같이 이어져서

휴가가 저 멀리 동떨어져 있다
도무지 틈이 안 보인다
그러고 보니 십 년과 십 년 사이를 몇
번이나 용접해 온 것이다
땀방울에서 는개가 피어나는 일이다
거대한 트럭에 그 많은 시간들이
실려나가도
노을을 닮은 용접봉은 식지 않는다.

오후 2시

플랫폼 신호대가 바나나처럼 휘었다

기차가 다리를 접고 커다란 눈을
껌뻑거리는 것이다

더불어 내가 상행선인지 하행선인지
헷갈리는 것이다

그사이 소나무가 벤치에서 졸고 있는
것이다

담배 연기 따라 하늘은 더욱 쨍쨍하게
땀을 흘리고 있는 것이다

모던의 그림자들이 허리가 꺾인 채
짙어가는 것이다

신호가 멈추고 사람들이 손을 흔들 때마다
시곗바늘은 어딘가로 움직이려 하는 것이다

이제, 기차를 따라가는 것이다. 시간을
찾아내는 것이다

다시 붓을 들고 나가는 중인 것이다.

참새

작아야
살아있는 동안 최대한 힘껏
작아져야 한다
언제 올지도 모르는
곡물 수송차를 기다리며
떨어지는 한 알을 위하여 산다

양철 벽 위에서
기름 묻은 부리 세워 들고
연신 종종 조아리며
검은 아스팔트 공단 거리
먹을거리가 없는,
아예 없는 폐공장 안에서
세 발 찢어가며
아장아장 젖은 날개 퍼덕인다

유리 조각을 삼킨 목젖은

생래의 농아처럼
아침의 노래 잊은 지 오래고
또 그러한 하루를 보낸다

만질 수 없는 희망은
그대 모르게 사라진다는 메시지를
남기는 일,
하루가 생존이다.

하루

여기
병동에 제비꽃을 심었다
창밖, 까마귀가
자작나무 숲으로 날아가고
노을이
병동을 넘는다
남은 먹이를 먹던
벌레들은
찢어진 회벽 틈 사이로
기어간다
햇살 조각 같은 삶,
무릎을 휘감는 이 지긋한
한기들은
모두 병원 바닥에 나란히 눕고
달빛 하나가
아주 길게 꽃 따라
피었다.

나무와 나무

눈보라 강풍을 견디며
쏟아지는 아침 햇살 사이로
저마다 자란 키만큼
삶은
하늘에 닿아 있다.

치얼스

잘 익어가는 가을 따라서
윤슬 길을 밟으며 내당을 돌아가는 길
온천 족욕을 하는 어르신들이 자주
찾는,
길가 노천탕 앞에 있는
소소횟집에 가서
하모 회나 한 접시 하자 소주도 한 병
마시고 시시 껄렁한 농담과 패담에
입을 섞고 부드러운 복수도
계획해 보자
손님마다 하모 하모 외치며 들어선다
오늘도 역시나 횟집을 찾아온다
여름철에 불타게 찾았던 하모는
어느새 자취를 감추고
요즘은 갈 전어 올 전어를 쌍으로
외치며 들어선다
그 흔한 생선들인데 이 집만

북적북적하네
늘 문전성시이다. 왜지?
누군가의 뒷모습이 보이기 시작하면
사랑이 시작된 것이다
윤슬 길 노천 족욕탕에서
치얼스!

못

나는 머리가 있어서 참 다행이다
머리가 없이 그냥 나무속으로 쏙
들어가 버리면 사후세계는 누가 책임
지나?
머리가 없는 나를 동반자인 망치가
제대로 두드릴 수는 있겠나?
머리가 없다면 늪에 빠져 허우적거리는
나를 그 누가 잡고 건져줄까?
이런저런 고민거리가 줄어들어서 참
다행이다

인생이 한 점이라면 나무에 박힌 나
역시 의미 있는 한 점으로 볼 수 있어
참 그럴듯하다

나는 때리면 때릴수록 복수 대신
집으로, 의자로의 변신을 꿈꾸는

평화주의자이자 실리주의자이다

깊이에 따라,
왼쪽이든 오른쪽이든 가는 곳에 따라
패턴이 달라지니 나름 패셔니스타라고
부르지 않겠나? 아무튼
나는 탕탕거리며 뛰어들 준비가
되어 있다.

장맛비

온몸이 젖는다

레코드 방에서 흘러나온 노래가

비를 맞으며 뚜벅뚜벅 젖는다

빗소리, 노랫소리에 열병 난 가슴이

꾸역꾸역 젖는다

안녕하지 못한 사랑이 젖는다

가로등 아래 홀로 핀 장미가 젖는다

청춘을 잃어버린 고양이도 함께 젖는다

가난한 골목이 흠뻑 젖는다.

보고 싶은 얼굴

소월의 냇가에 앉아서 조약돌
얼굴 그려놓고

그 임과 하염없이 놀다가
갑니다.

봄밤

봄밤에는
누구라도 행복해지지 않을까요

벚꽃이 흐드러지게 핀
봄밤에는
누구라도 사랑에 빠지지 않을까요

순백의 꽃나비 향연 하는
봄밤에는
사랑도 이별도
어쩌면 아름답지 않을까요

꽃비 날리는
봄밤에는
누구라도 만나면 그동안
숨겨놓은 비밀 이야기가 술술
나오지 않을까요

이런 봄밤이면
누구라도 붙들고 밤이 새도록
전화하고 싶지 않을까요.

대패

이제 시작해도 될까요
쓱 한 번 만에 당신의 눈과 코, 입을
평평하게 밀어버릴지도 몰라요
역사 같은 것 쓱싹쓱싹 말한다고
달라지는 것들은 없어요
누구에게 말해도 소용없다는 것을요
내가 지나가면 모든 시작은 새것처럼
보인다는 것을요
당장은 기분이 좋아 보일 것 같아도
추억이 톱밥처럼 달아나니 이것 또한
만만치 않은 고난이라는 것을요

어떻게 시작해야 할까요?

지금 와서 후회하지 않을 자신이
있나요
내가 지나가는 자리는 당신의 무늬가

사라진다는 것을 정말 알고나 있나요

시작해도 괜찮을까요?

윷놀이

지하철 역사 공터에서
매일 전쟁이 일어난다

사령관의 지휘 아래 소대장은
편자를 다듬고,
주변의 병사들은 막걸리 훈장을
휘날리며
따뜻한 하루를 오롯이 달린다
독수리 같은 눈매, 그 장엄한
손놀림으로
일제히 숨죽이는 오후,

소대장은 지도를 펼쳐 작전을 짜고
좌표를 찍어
또다시 사령관에게 공격 지점을
보고한다
시간이 시간을 먹는 오후,

재래시장 모퉁이에서
아버지와 삼촌들은
시간의 문턱을 넘고 계신다.

공감이란

방금 읽은 따뜻한 시집을 오늘 만난
지인에게 건네고 왔다

나처럼 눈물이 날까?
여느 선물보다 더 감동적이었을까
시를 읽으며 행복해할까?

오는 내내 왜 내 가슴이
두근두근하는 것인지

이런저런 생각에 절로 입꼬리가
올라가는 것이

공감이란
아마도 첫사랑인가 보다

가을날 벤치에 앉아

떨어지는 낙엽을 함께 보는 일이요

호수에 떨어지는 꽃잎을 보며
은은히 퍼지는 종소리를
귀 기울여 듣는 일이다.

4부

기억의 지속

버킷 리스트

오늘도 하루를 벌어 한 권의
시집을 산다

1,000일을 내어서
천 권의 시집을 보고 싶다

세상 별일 많아도 양보하지
않을 다짐 하며 오늘을 보낸다

또 이런
내일이 오겠지요.

민들레

칼을 든 인디언 추장이다
이 땅의 초병이며
들꽃의 아바타이다
뼈만 남은
애드벌룬이고
바람을 몰고 다니는
비행사이다
생명을 설계하는 건축가,
전도사이며
이별을 노래하는 가수이자 노란색을
조각조각 쪼개는 조각가이다
이 꽃은
초록 앞치마를 두르고
노란 풍선을 흔드는 엄마의
사랑이며 미래이다
골목에서 파지를 줍는 허리 굽은
미소이다

황무지에 꽂은 깃발이다.

벽화

그림자들이 방을 엿본다
사각의 고립은 검은 장미를 키운다
까마귀가 검은 휘파람을 분다
벽장을 열어 코드를 꽂자
삶은 달걀, 물컵이 있고
구두, 모자가 파닥거리는데
우산이 튀어나온다
어이없는 재료들이 삶의 레시피이다
창문 없는 벽 뒤에서 밖을 본다
도로인지 바다인지 눈꺼풀 아래까지
어둠이 찰랑거린다
자꾸 처지는 머리를 고쳐 올리고
지느러미를 세운다
이번에는 어디든 헤엄칠 수 있을 것 같다
내용을 알 수 없는 불빛들이
달아났다가 되돌아온다

왠지 번들거리는 바닥을 본 것 같다
잃어버린 얼굴이 돌아오는 일은 없었지
그게 놀라울 것 없는 공식이지
밤이 벽을 검게 덧칠하고
불빛이 다시 그림을 그린다
여기가 바닥이라면 누워야겠다고
생각한다
고립이 나타났다가 사라졌다가 한다
널브러진 시계들이 온 방을 헤집고
다닌다
검은 망토를 펄럭이며
대나무숲이 밤을 세차게 흔들고 있다.

손전등과 시집

새벽 2시
머리맡에 둔 시집이
너무 궁금하여
손전등을 켜고 잡았다
때마침 푸듯 날아가려는 참에
내 손에 잡혔다
얼른 펼쳐보니 하얀 밤이
보금자리를 틀고 있다
손전등 안에 있는 시집이
내게 귀엣말로
손전등을 가슴에 얹고
시의 길로
들어오라고 한다
인생이 자꾸 시시해질 때
책을 든다
책으로 들어간다
시어들이 이불속으로 들어온다

잠으로 빨려든다.

우산과 물컵*

목이 마르다
비가 우산 속으로 파고든다
물컵은 위에 두고 우산이
빗물을 받아 마신다
참았던 갈등이 분수처럼 솟구친다고
이치에 맞게 산 날이 없다
하마가 우주를 삼킨다
팽개쳐진 돌들도 비를 기다린다
강아지풀이 마술처럼
꼿꼿이 선다
컵이 그림을 박차며 나오고 물은
안에서 숨 쉬고 있다
물장구를 친다
빗속에 잠긴다
탈출을 시도한다
살고 죽는 것이 우산을 뒤집는
일과 같다

하루도 잘살아 본 적이 없다
영문도 모르는 날들이 연일 대기 중이고
수두룩하다.

*〈헤겔의 방학〉 르네 마그리트의 그림을 인용

기억의 지속*

죽은 나뭇가지 끝에 널브러진 시계가
빨래처럼 널려있다
젊은 이파리들은 폐허의 절벽을
빠져나와 나뭇가지 끝에서 생을 다했다

책상 위의 반쪽 접힌 시간은 잠든 나의
청춘을 아래로, 지하로 끊임없이 끌고
내려갔다
검붉은 계단 사이로 죽은 시계들속에서
분침 시침들이 미쳐 날뛰는
오후였다
태양도 바다에서 허우적거리다 삶을
마감했다

폐허의 계단이 갇힌 시간을 따라서
놓이고 있다
잠을 잡아먹은 어둠이 벽을 막고 벽을

세운다
늙은 이파리들이 검은 복면을 쓰고
소파에서 잠들어 있다

온갖 빛들이 뒤죽박죽 섞여 회백색
달을 가리고 있다
잠에서
지하에서 탈출한다.

* 〈기억의 지속〉 살바도르 달리의 그림을 인용

숫돌

당신의 소심한 복수를 도와드릴게요
나의 뼈와 살을 발라 마스터 플랜을
짜보세요
날카로울수록 복수가 더 멋지지
않겠어요
나는 망가져도 상관없으니 마음껏
이용할수록 더욱 사랑할게요
가시를 바르고 껍질을 벗기면서 일상의
찌꺼기들도 모두 잘라 버리세요
나를 찾는다는 것은 당신이
준비되었다고 믿어도 되겠죠
나는 닳아서 없어질 테니 세상에 단
하나뿐인 인생 요리를 맘껏 자랑해
보세요

당신의 뒷면을 사랑할게요.
당신의 모난 칼을 갈아서 더 둥글게

둥글게 만들어 드릴게요
나를 갈고 갈아 내가 사라질 만큼 닦고
닦아서 당신만의 거울을 만들어 봐요
당신의 완성에 하나의 도움이 된다면
이 한 몸 기꺼이 바칠게요.

볼트와 너트 사이

볼트와 너트 사이는
항상 벽이 있다
구멍을 뚫어야 서로 열렬히
붙들 수가 있다
하나는 오른쪽으로 가고 하나는
왼쪽으로 가서 제대로 어긋난
관계이다
한 몸에서 태어났으나
양과 음의 기운이 너무 센
팔자이다
온몸으로 끌어당겨
계단을 만들고 오르며
만들어낸 계단이 더 단단해지는
사각를 만든다
층위를 모르고 철탑을 세우는 동안
더러는 너무 오랫동안 껴안아서
세월이 부스러지고

화석이 되곤 하는 녀석들도 있다
볼트와 너트 사이는
항상 벽이 놓여 있고
구멍이 있다
이들은 그 속에서 원형을
유지한다.

자연의 신비

그대로 가만히 보고

즐길 줄 아는 사람이 자연이다

■□ 해설

자아성찰과 다양한 서정, 그리고 토포필리아
- 김해인의 시 세계

강희근 시인, 교수

1. 들머리

김해인 시인은 1961년 부산 범일동에서 태어나 2024년 부산일보 신춘문예 시부에 당선되어 등단했다. 첫 시집으로 『도서관 앞 가을』을 내면서 문단에 본격적인 행보를 내디디게 된다. 시집 제1부에 「따뜻한 세수」 등 13편, 제2부에 「버스정류장」 등 14편, 제3부에 「용접공」 등 14편, 제4부에 「민들레」 등 9편 도합 50편의 시를 선보인다.

시인은 부산일보 신춘문예 당선 소감에서 다음과 같이 피력했다.

"낯선 프랫폼에서 공구로 생계를 이어온 지 33년이란 시간이 갔다. 새벽녘 봉고를 타고 나온 용접공들과 커피 한 잔을 나누면서 일과가 시작되었고 휴가란 저 멀리 동떨어져 있는 세계인 줄 알고 살았다. 저마다 자란 키만큼 한 발짝씩 하늘에 다가서는 나무들처럼 이 공간에서 시가 나오고 삶이 만들어진다는 것을 요즘 크게 깨닫는다"라고 적었다.

 물론 이 소감은 당선작 「펜치가 필요한 시점」의 시를 염두에 두고 쓴 것이므로 시집 전편에 해당하는 말은 아니다. 그렇다고 하더라도 공구와 생계라는 울타리를 치고 사는 현실이 바로 시 「용접공」에서 드러나고 있다.

 ## 2. 당선시와 현장 노역의 성찰

「펜치가 필요한 시점」을 읽어 보기로 하자.

> 짜장면과 짬뽕 앞에서 고민하는/
> 나를 절단해 줘요
> 불가마에 단련된 최초의 연장이 되느냐/
> 컨베이어벨트를 타고 나오는
> 레디메이드 툴이 되느냐/이것도 중요하지만

선택 후의 방향은 어디인지 알 수 없어요
차라리 한 끼 굶을 일을/
어느 시궁창에 빠질지 모를 일입니다
오른 쪽 손과 왼 쪽 손이 친척이라고 생각하나요/
나를 꾹 눌러서 이쪽 저쪽으로 갈라줘요
이쪽으로 가면 강의 상류 끝에 서 있는 물푸레 나무를 만나고 싶죠
저 쪽으로 가면 바다의 시작/
흰 치마를 펼쳐서라도 항해하는 게 로망인 걸요/
밸런스게임은 사양할 게요/
이쪽으로 가면 파란 대문이 열려 있고/
저쪽으로 가면 녹슨 대문이 부서져 있다거나/
이쪽으로 가면 왕이 되고/
저쪽으로 가면 거지가 된다는 등과 같은 거 민으라고요?
차라리 사지선다형으로 바꿔주세요
검은 샤츠와 흰 샤츠 중 뭐가 필요하냐고요/
지금은 펜치가 필요한 시점이예요

-「펜치가 필요한 시점」 전문

 이 시에 대한 심사평은 짧고 간단하다. "노동하는 삶을 통하여 자기를 성찰하는 발화가 진지하였다"라 하거나 "경험의 구체성을 담보하는 언어의 명징함을 지닌 후자가 우리를

사로잡았다." 그리하여 "구체적 삶의 언어로 기울었다."라고 작품 선택의 경과를 설명했다.

시를 포괄적으로 읽는다면 화자는 연장(공구)이 되느냐 마느냐, 이쪽으로 가느냐, 저쪽으로 가느냐 하는 선택에 따라 유불리를 따지는 태도를 보이지만, 화자는 결국 그 상황을 펜치를 잡고 노동하는 시점으로 판단하고 있다. 자아 성찰이다. 그 공간에서 시가 나오고 삶이 만들어진다는 것이다. 당선시에 비해 그 뒤에 씌어진 것으로 보이는 「용접공」은 오히려 노동의 현재성이 더 강하다.

필자는 이 용접공의 일과를 읽으면서 산업시찰단에 섞여서 저 박태준의 포항제철 내부를 들여다볼 때의 그 경이를 생각하고 있다. 그 규모, 그 뜨거움, 그 절단과 굉음, 그리고 용암으로 흐르는 그 현재성이 산업 1번지를 떠올려 준다. 독자로서 필자야말로 "펜치가 필요한 시점"에 이르고 있다.

3. 고샅길과 물항아리 같은 시

김해인의 시는 각진 도시의 도로가 아니라 가로등 없는 고샅길, 그것도 밤 길이다.

캄캄한 밤에
홀로 달을 기다리는 고고한 길
운명처럼 달을 쫓아 다닌다

초가지붕 위 하얀 박꽃이
흙담에 나란히 걸터 앉은 달맞이꽃들이
속삭이듯 향기를 자랑하는 밤
숭굴 숭굴한 여름밤은
고샅길 나무 귀마다 달빛을
그득히 걸고 있다

별 그림자 밟으며
다가올 아침을 마중하듯 걷고 있는
사이,

해는 산을 넘어오고
달맞이꽃은
그 입을 닫고 있다

- 「고샅길」 전문

 김 시인의 고샅길은 어디일까? 외갓집 마을이거나 부산 기장군 가는 길목 어디쯤 되지 않을까 짐작한다. 감만동 산삐알 초가집들도 상상해 볼 만하다. 고샅길 나무 귀마다 달빛을 그득히 걸고 있다는 대목이 빼어난 절구로 읽힌다. 마지막 연은 해운대로 넘어오는 벚꽃 천지와 길목마다의 바다 향기가 못 말리는 철썩철썩에 가늘게 묻혀 있다는 느낌을 준다.
또 김 시인의 애지중지 물항아리는 조선 옹기의 중심 장독이다. 우리나라 어머니들이 가장 아끼고 귀하게 여겼던 옹기류가 장독이었다. 그 장독이 베푸는 요술에 그 어머니의 얼굴이 담겨 있다.

> 물항아리 안에
> 거울이 들어 있다
> 보고 싶은 것들은 모두
> 보여준다
>
> 오늘은 어머님이 계신다
> 큰형님이 물지게로
> 물을 퍼다 나르면
> 어머님은 빙긋이 웃는 얼굴로
> 나를 보고 있으시다
> 나도 덩달아 웃고 있다
>
> 물항아리 안은
> 알을 품은 암탉의 품처럼
> 따뜻하다

어머니 음성도 메아리로 들려온다

물항아리는
요술 항아리이다
난 외톨이가 될 때마다 항아리 안으로
들어간다
어머니 찾으러.

-「물항아리」 전문

  물항아리에는 어머님이, 큰형님이 들어 계시고 큰형님 물지게도 들어 있고 어머니 음성도 메아리로 품고 있다. 거기 암탉도 한장우 들어 있을 것이다. 그러므로 한없이 따뜻한 곳이다. 우리네 시골에는 물항아리가 장독간에 옹기종기 집단으로 스크럼 짜듯 엉겨 있다. 저 광양의 매실마을처럼 대형을 이루는 데에는 전설도 크고 별빛도 은하수로 내리 쏟히지만, 전통 시골마을의 장독간은 분수 껏 마을이 앉아 있듯 정분을 서로 나누며 이웃이 소중하다고 일깨워 주고 있다. 시의 화자는 그래서 고샅길 가듯 물항아리 안으로 들락거리는 것일 터이다.

4. 도서관 앞 가을과 책갈피 낙엽

요즘은 지방 도시나 사람이 모여 사는 곳에는 도서관이 하나의 공공의 시설로 예사로 들어서 있다. 월간지나 여성지들도 구비되고 좀더 나아가면 문학지로서 계간지나 월간지까지도 구비되어서 도서괸에 출입하지 않던 청년들이 갑자기 도서관 뜨락에서 벤치에 앉아 문청 같은 한숨 소리를 내기도 한다. 거기 계절이 와서 문화와 개화된 가을의 의식들이 들낙거리기도 한다.

    도서관 앞에서
    눈이 깊은 가을을 만났습니다

    눈동자를 보면서 가을이
    어떻게 갔는지 여느 가을을 살았는지
    보았습니다

    책 속에 있는 가을은 아니었습니다

    그 가을에 맺힌 눈물은
    천년의 이슬처럼 영롱합니다

    수년간 보지 못한 전쟁 같은 가을을

보낸 것 같았습니다

숨이 멎을 것 같은 가을이
보였습니다

겨울이 와도 전혀 관계치 않을
가을이었습니다

-「도서관 앞 가을」

　인용 시는 도서관이라는 장소를 통해 도서관 바깥의 풍경을 바라보고 있다. 어떻게 가을이 갔는지 책 속에 있는 가을과 서로 비추어 보고 그런 뒤의 그 가을은 우리의 곁에서 어떤 모습으로 이어져 온 것인지 의사가 환자에게 청진기를 들이대듯 진맥을 하고 있다. 화자는 책 속에 있는 가을과 책 바깥의 가을을 구별하고 있는 자세이다. 먼저 노동자의 노동이나 눈에 포커스를 맞추어본다. 가을에 눈물이 맺히고 있음을 감지한다. 천년의 이슬처럼 영롱하다는 것이다. 노동의 순수일까, 거기서 가을은 껑충 뛰어 전쟁이라는 형식의 맞섬을 바라보고 있는 듯하다. 사회는 코로나 같은 역사적 질병 앞에서 인간과 인간 사이 거리감에서부터 장기간의 대치상황을 확인하며 마스크로 자신에게 방어의 임무를 견디게 하고 상대에게는 병으로부터 역사를 지키는 공동과 공유의 사회를 떠맡기는 것이다. 또 사회는 진영과 진영이라는 무균질 대치와 그 맞섬의 고통 같은 것에 내맡겨지는 시기를 견디게 하지 않는가? 화자는 이를 일러 '전쟁'이라 한 것일까. 그래서 화자는 '숨이 멎을 것 같은 가을'이라 한 것일까. 어쩌면 화자는 실어증 초기의 증상인 설명 부재의 상황에 이른 것은 아닐까. 도서관의 책들은 일찍이 '천년의 이슬'로 자리 잡고 있는 셈이다. 「도서관 앞 가을」은 한가함에서 시작되었지만, 시를 통해서 볼 때 절대 유한한 배경은 아니다.

다음에도 책에 연결되는 이미지를 보여주는 시를 읽어 보자.

혼자라고
그리 슬퍼할 일은 아니다

나에게서 떨어져 나갔다고
멀어진다고
그리 쓸쓸해 할 일도 아니다

다시 살아야 할 일이 있고

숨 쉬는 것만으로도
충분히 괜찮을 수 있는 일이다

무상은 그런 것이다
영원한 존재란 없고
보이지 않는 것들은 그저
온전히 가슴에 두면 될 일이다

책갈피 낙엽처럼
내 호흡에서 맞추어 갈 뿐.

- 「책갈피 낙엽」

인용 시는 「도서관 앞 가을」에 비해 낙관주의가 팽배해 있다. 책갈피 낙엽이 혼자로서 갈피에 찡겨 있다. 슬퍼할 일이 아니라는 것이다. 멀리 나가떨어져 있다 하여 쓸쓸해 할 일도 아니라는 것이다. 그만의 할 일이 반드시 존재한다는 것이다. 보이지 않는 것은 가슴에 새겨 두면 된다는 것이다. 이도 낙관주의이다. 어찌 보면 이 시는 천상병의 시편들로 착각이 될 정도의 비슷하다는 느낌이 들기도 한다. 천상병의 대표시 「귀천」을 두고 보자.

나 하늘로 돌아가리라

새벽 빛 와 닿으면 스러지는
이슬 더불어 손에 손을 잡고

나 하늘로 돌아가리라

　천상병의 「귀천」 서두이다. 뒤에 가서 "이 세상 소풍 끝내는 날/ 가서 아름다웠다고 말하리라"라는 것이 낙관주의이다. 그러나 천상병은 이 시의 제목이나 부제인 「주일」을 보면 천국으로의 귀환을 전제로 낙관이지만, 김 시인의 경우는 일상의 무상이 그저 그런 것이라는 체념형 낙관주의이다. 이 낙관은 센티멘탈리즘에까지 이를 수 있다는 점에서 앞에서 유한한 배경의 '눈물'과도 상응한다는 점에 유의할 수 있다.

5. 오후, 또는 반조(返照)의 세계

　김 시인의 시는 더러 불가적(佛家的) 세계를 드러내고 있다. 산사의 숲속 이미지를 부려놓는가 하면, 더러는 감각적 터치들이 툭, 하는 문득 깨달음의 경지를 일깨우기도 한다.

선방 탁자 위에 하얀 찻잔이 놓여 있다

찻잔 바닥에는
아무도 하지 않은 말들이
가부좌를 틀고 있다

물과 찻잎에서 점이 우러나고
입술과 입술 사이에는 선(禪)이 스며든다

들숨과 날숨에 집중하며
화두를 쭉쭉 밀고 가라는 말씀이
빙그르르 돌아앉은
여름날 산사

대나무 숲으로 바람이 찾아든다

-「返照」 전문

  여름날 산사 선방의 풍경이다. 탁자에 하얀 찻잔이 놓여 있고 무언 정적이 가부좌를 틀고 있다. 물, 찻잎에서는 기포를 띄우며 뽀그르르 찻미가 우러나고, 대좌하고 있는, 선방 처사들의 입술들 언어에 선좌의 자세가 뚜렷하다. 흔히들 이마에서 코로 내리는 선이 직방으로 내리달아 뱃집으로 내려서고 그 밑 가부좌에는 그냥 흘러내리는 선좌를 보게 된다. 그러니 화두는 쭉쭉 뻗어나고 대나무 여름 산사의 숲은 스며들 듯 바람이 시원하다. 이때의 다실은 빛이 반사되어 되비친다고 말한다. '返照'가 그 말이다.

시 「오후」는 선방 바깥에서 벌어지는 어떤 소리들 풍경이리라

> 조요로운 오후
> 능소화가
> 능수버들처럼 멋지게
> 그네를 타다가
> 꾸벅꾸벅 졸고 있다
>
> 툭, 잠이 깼다
>
> 강가의 돌들이
> 가지런히 박혀 있는 붉은 담,
> 새소리가 숨어있는 기와집
> 안으로
>
> 툭, 떨어진다
>
> 세상 밖을 보고 싶어
> 어깨 목마를 하며 걸어놓은

툭, 화등잔이다
　　　-「오후」전문

　인용 시는 실내가 아닌 방 바깥의 뜨락에서 벌어지는 불가적 점묘이다. 조요로우면 능소화도 존다는 것이다. 꾸벅꾸벅 졸다가 툭, 잠이 깬다는 것이다. 이때 '툭'은 죽비소리 같은 순간 깨달음에 준하는 언술이다. 다음은 새소리가 기와집 안으로 툭, 떨어지고 이어 걸려 있는 화등잔이 툭, 하고 떨어지는 것 같이 말하지만, 이때의 '툭'은 수사법상의 가상적 소리일 것이다. 어쨌거나 방 바깥에서 일어나는 일들을 툭, 이라는 직 반응 소리를 통해 선각 같은 분위기를 띄우고 있다. 그러므로 시 오후는 선각의 오후로서 기품을 만들어 내고 있다.
그리고 보면 김시인의 불가적 경지는 한 급 높아 보인다. 어린 시절부터 어머니 따라 49재나 불교의식 같은 데서 수련이 된 사람으로 보인다. 자연스레 스님의 가사자락을 바라보면서 원효 같은 세계나 관음보살 같은 불교설화의 줄거리에 젖어드는 것이 아닐까 싶다.

6. 토포필리아

김해인 시인의 시에서 부산지방을 배경으로 한 토포필리아(장소-愛)가 따뜻해 보인다. 그중 「이기대 갈맷길」이 작품으로서도 이름답다.

> 이기대 갈맷길에선
> 바다가 바다로 가는 길을 낸다
>
> 섭자리를 돌아서 들어서면
> 어머니 가슴골 같은 장자산이
> 발 담그고 있고
> 태고의 파도가 전설들과 손뼉치며
> 환호하는 곳
>
> 광안대교에서 오륙도까지
>
> 바다가 바다를 만나 연인이
> 솔바람이 되는
> 새벽기도 같은 길
>
> 가슴에 삭풍이 부는 날
> 주체할 수 없는 운명과 맞닿은 날
> 그들과 손잡고

오륙도까지 천천히 걸어가 보라
거기엔 인생의 보너스 같은
속이 찬 해산물들이 밥상 위에서
춤을 춘다

이기대 갈맷길에선
장자가 바다가 되어 길손의 옷을
흔든다
-「이기대 갈맷길」 전문

　인용 시는 부산시 수영구 광안리에서 바라다본 '이기대 갈맷길'을 노래했다. 바다에서 바다로 가는 길, 장자산이 발 담그고 있는 바다, 광안대교에서 오륙도까지, 속이 찬 해산물이 밥상 위에서 춤을 춘다, 장자가 바다가 되어 길손의 옷을 흔드는 곳이 그 배경의 줄거리다. 필자는 부산 지리에 밝지 않아 현장에서 바라다보기를 원하지만, 지금까지 실제 근처에서 맴돌았던 기억은 있는 곳이다. 필자는 이해인 시인의 시집 『작은 기쁨』(열림원)의 해설을 써 드렸는데 그 발문의 제목이 「지상에 핀 천상의 말꽃」(현재 49쇄, 장기 베스트셀러)이었다. 이 수녀님이 계시는 광안리 성베네딕도 수도원에서는 그 시집을 기념하여 필자 가족들을 공식 초청해주셨다. 하루 스케줄로 수도원 일정을 보기도 하고 거기서 돌아가신 분들의 묘역의 십자가 앞에서 기도할 수도 있게 해주었다. 그 십자가 너머에 광안대교가 보였고 오륙도가 보였는지는 기억에 없다. 그러나 김 시인의 부산 바다나 광안대교 쪽 풍경에 대해서는 어림잡을 수 있다. 그 장소성, 그 아릿하고 아슴프레한 하늘이 펼쳐지고 바다가 그 하늘에 포개지는 자리 수평선이 시나브로 일그러졌다가 되살아나고 있다.

두 번째 시는 「청사포」이다. 청사포는 부산 해운대 달맞이 언덕을 따라 송정 방향으로 가다가 오른 쪽 아래로 보이는 곳이 청사포이다. 부산 제일 명승지이다.

청사포는 일출보다
칠흑 같은 밤이 제격인 바다이다

불이 꺼져 있는 바다로 들어왔다
맨정신보다는 흠뻑 취함이 맛깔스러운
바다이다

언덕 위
소나무가 홀로 서 있는 밤
낯선 이의 시선도 돌아누워 버린
청사포

백열등 깜박거리는 부두 가에 서면
우리들은 눈동자가 무겁다

청사포의 밤은
홑이불 같은 파도 소리가 멀어졌다가
가까워진다

수평선 넘어서 또 다른 세계가 보일 것
같은 방을 잡고 창가에서
한 잔 두 잔 소주잔을 비우듯
생의 모든 소란을 보내리라 다짐하며
밤이 갔건만

쓰러진 안경 사이로 달이 솟았다.

-「청사포」 전문

 명승지이지만, 일출보다는 칠흑 같은 바다가
좋다는 것이다. 소나무가 홀로 서 있는 밤,

시선도 돌아누워 버린 시간, 홑이불 같은 파도소리, 생의 모든 소란을 보내리라는 다짐, 쓰러진 안경 사이로 달이 솟는 멋을 아끼는 자세가 좋다. 필자는 이 시간, 가지고 있던 국보급 문화재를 대를 이어 사회에 환원한 고 손창근 선생의 미담을 카톡에서 접하고 있다. '세한도', 그 연구기금 1억원, 용인의 산림 2백만 평, 용비어천가 초간본, 추사의 '불이선란도' 등 304점을 국립중앙박물관 등에 기증했다는 이야기를 확인하고 있다. 필자는 희한하게도 명승지를 대낮에 보지 않고 칠흑 같은 바다로 본다는 것이, 진짜 명승지를 갖는 것이라는 그 역설을 이해하고 있다. 김 시인은 토포필리아의 진정성이 화려함 뒤에 숨겨진 칠흑의 절제와 들끓는 밝은 빛에서보다는 소란을 다 보낸 뒤의 적막에서 그 진수를 보아내는 태도를 견지하고 있다. 청사포의 진경을 진경답게 보고자 하는 김해인 시인! 그 시인의 시인다움에 경의를 표하고자 한다.